PROMENADES DANS

# LONDRES



Sãmia

05/06/03

THOMAS BENACCI Ltd.

1 ABBAYE DE WESTMINSTER
2 PALAIS DU PARLEMENT
3 WHITEHALL
4 DOWNING STREET
5 BANQUETING HOUSE
6 HORSE GUARDS
7 ST. JAMES' S PARK
8 MALL
9 BUCKINGHAM PALACE
10 QUEEN'S GALLERY
11 ROYAL MEWS
12 APSLEY HOUSE
13 HYDE PARK
14 JARDINS KENSINGTON
15 ALBERT MEMORIAL
16 ROYAL ALBERT HALL
17 MUSEE DES SCIENCES
18 MUSEE D'HISTOIRE NATURELLE
19 MUSEE VICTORIA & ALBERT
20 MARBLE ARCH
21 OXFORD STREET
22 WALLACE COLLECTION
23 MADAME TUSSAUD'S
24 REGENT'S PARK
25 REGENT STREET
26 PICCADILLY CIRCUS
27 SOHO
28 TRAFALGAR SQUARE
29 NATIONAL GALLERY

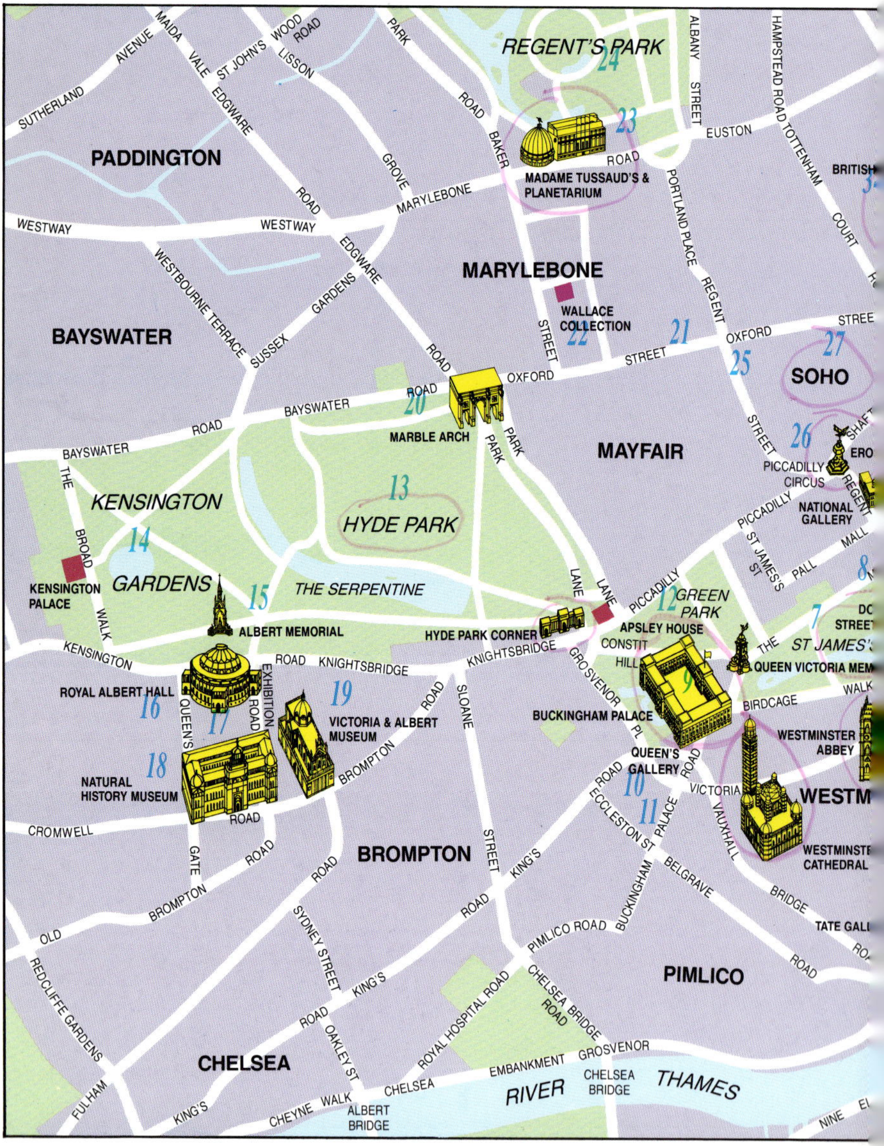

30 GALERIE NATIONALE DU PORTRAIT
31 ST. MARTIN IN THE FIELDS
32 STRAND
33 COVENT GARDEN
34 BRITISH MUSEUM
35 COURTAULD INSTITUTE GALLERIES
36 LAW COURTS
37 FLEET STREET
38 CATHEDRALE DE SAINT-PAUL
39 CENTRE BARBICAN
40 MUSEE DE LONDRES
41 GUILDHALL
42 ROYAL EXCHANGE
43 BANQUE D'ANGLETERRE
44 MANSION HOUSE
45 MONUMENT
46 LONDON BRIDGE
47 TOUR DE LONDRES
48 TOWER BRIDGE
49 EGLISE DE ALL HALLOWS BY THE TOWER
50 HMS BELFAST
51 ST. KATHARINE DOCKS
52 SOUTH BANK CENTRE
53 MUSEUM OF THE MOVING IMAGE
54 LAMBETH PALACE

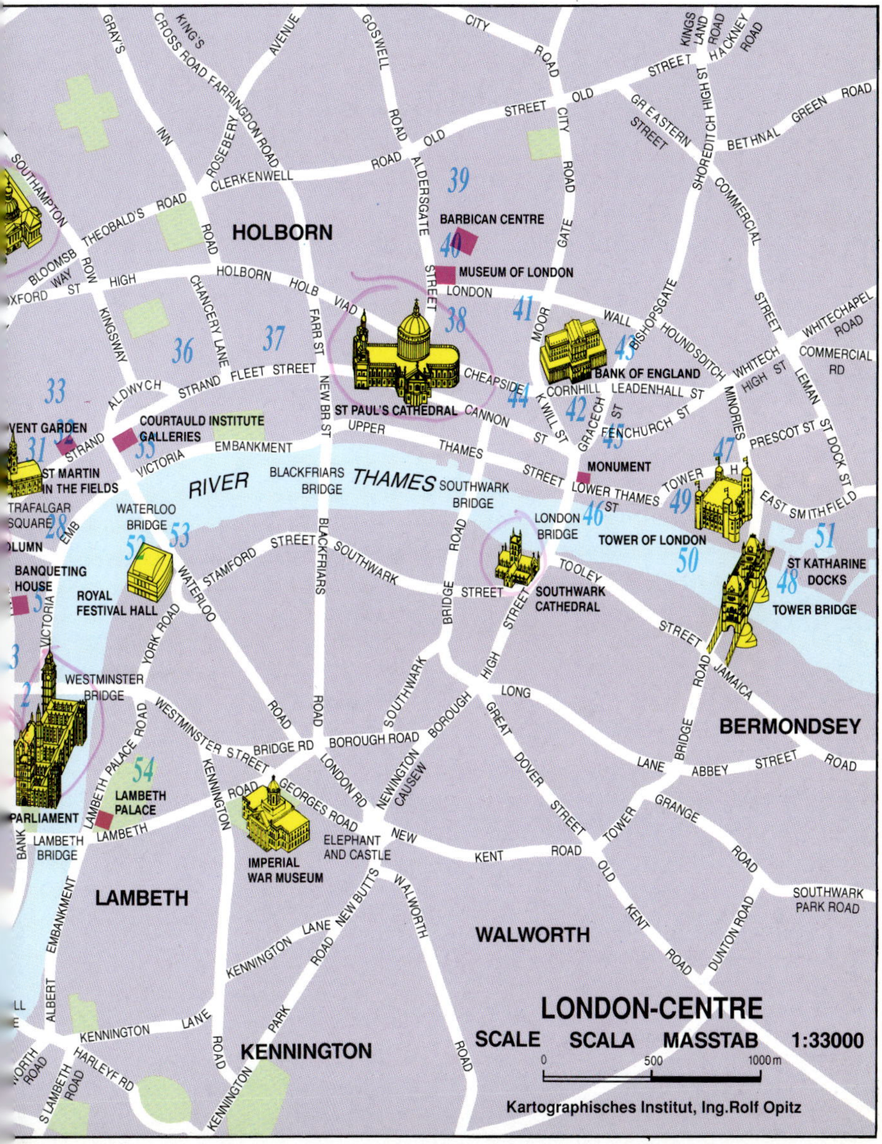

53
SAS
E829 FPN
B676 EGO

1862
109

# LONDRES: BREVE NOTICE HISTORIQUE

Londres est une ville riche de 2000 ans d'histoire documentée. Elle fut fondée par les Romains, sous le nom de Londinium, à la suite de l'invasion qui eut lieu en 43 après Jésus-Christ. Ce sont eux qui construisirent le premier pont, en bois, et ils commencèrent en l'an 120 la construction des remparts, dont on peut voir les vestiges aujourd'hui encore. Les Romains se retirèrent au Vème siècle et la ville fut laissée à l'abandon, même si au VIIIème siècle, elle constituait à nouveau un centre commercial actif et si elle devint, au XIème, la capitale de l'Angleterre. Edouard le Confesseur construisit le palais et l'abbaye de Westminster, en créant ainsi deux centres qui existent toujours; c'est à Westminster que se trouve en effet le siège du gouvernement et la City, qui s'est amplement développée derrière les vieux murs d'enceinte, représente le centre commercial et financier. La période normande vit la construction de la Tour, de l'ancienne cathédrale de Saint-Paul et d'un grand nombre d'églises et de monastères, comme du premier pont en pierre sur la Tamise. La Londres moyen âgeuse devint un centre commercial très important et en 1215, ses citoyens s'octroyèrent le droit d'élire leur propre chef. dit Lord Mayor, et ce grâce à la signature de la Magna Carta de la part du Roi Jean. Du fait de la rapide expansion advenue sous les Tudor et Stuart, la ville déborda des remparts et s'étendit dans d'autres aires comme la Lincoln's Inn ou le Covent Garden.

Le Grand Incendie de l'année 1666 détruisit les trois quarts de la City et même si la reconstruction suivit le tracé médiéval des rues, les vieilles maisons en bois furent remplacées par des constructions en brique pour réduire les risques d'incendies. Sir Christopher Wren reconstruisit la Cathédrale de Saint-Paul et projeta 51 autres églises, dont il en reste 23. Au XVIIIème siècle, la nouvelle richesse, née du commerce et des investissements, entraîna une nouvelle expansion dans l'aire de Mayfair,même si les classes pauvres vivaient dans des conditions terrifiantes. Au siècle suivant, Londres gagna rapidement les faubourgs, en englobant des villages et la campagne et on vit se développer de nouvelles formes de transport, comme l'autobus et le train, ou encore le métropolitain. La Grande-Bretagne était alors à l'apogée de sa puissance impériale et cette assurance se reflète dans des édifices comme le Palais du Parlement et la Gare de Saint-Pancras. De vastes quartiers de Londres furent détruits pendant la Seconde Guerre Mondiale et la reconstruction qui s'ensuivit fut de qualité inégale. Comme toutes les grandes villes, Londres fait coexister, à côté des traditions et des marques du passé, les constructions nouvelles, qui font souvent l'objet de controverse mais témoignent de la manière d'être et des besoins d'une ville moderne.



← *Palais du Parlement et Pont de Westminster*

Westminster, le centre politique de la Londres d'aujourd'hui, fut, jusqu'au XIème siècle, un lieu sacré - dit Thorney Island - qui était alors envahi par les ronces et entouré de marécages. C'est là que le roi Edouard le Confesseur, inspiré par les églises qu'il avait vues en Normandie, décida de construire une grande abbatiale, qui fut consacrée en 1065, mais ce dernier mourut une semaine plus tard et il fut inhumé dans l'abbaye. Sa tombe devint le but de pèlerinages publics et elle se trouve toujours au cœur de l'actuelle **Abbaye de Westminster**, construite par Henri III au XIIIème siècle. Guillaume le Conquérant fut couronné dans cette Abbaye le jour de Noël de l'an 1066, et depuis lors y ont lieu tous les couronnements. La Chaire du couronnement, dont on se sert depuis l'année 1308, est visible dans la Chapelle du Confesseur. La plupart des souverains anglais y furent enterrés jusqu'au début du XIXème siècle et l'Abbaye conserve des tombes royales importantes. L'Abbaye abrite aussi de nombreuses autres tombes et monuments d'hommes et femmes éminents, mais les plus populaires sont sans doute celles d'écrivains, d'acteurs et de musiciens qui se trouvent dans le Carré des Poètes. Une des principales beautés de l'Abbaye est la Chapelle d'Henri VII, qui remonte au XVIème siècle, où gisent Henri et son épouse sous un plafond en éventail des plus remarquables.Edouard le Confesseur fit construire un palais le long de l'Abbaye et de cette époque au règne de Henri VIII, le Palais de Westminster fut la principale résidence royale. Il servit aussi de principale cour de justice et le Parlement s'y réunit dès le XVIème siècle.

*Abbaye de Westminster*

*Palais du Parlement*

L'actuel **Palais du Parlement** fut construit après que le vieux palais eut entièrement brûlé. Westminster Hall et une partie de la St. Stephen's Chapel survécurent à l'incendie et furent intégrés à la nouvelle construction, projetée dans le style gothique flamboyant par Sir Charles Barry et c'est à Augustus Pugin que fut confiée une grande partie de la décoration. Cet édifice abrite la Chambre des Communes et la Chambre des Lords, les deux Chambres au sein desquelles se traitent les affaires parlementaires, ainsi que de nombreuses salles de commissions et des bureaux qui se suivent le long de ses deux milles de couloirs. Du côté du Pont de Westminster se dresse la St. Stephen's Tower qui recèle la fameuse cloche de 13 tonnes un quart, Big Ben, qui sonne à chaque heure. Le cadran de l'horloge a un diamètre de 23 pieds et les aiguilles indiquant les minutes ont 14 pieds de long. La lumière allumée la nuit au sommet de la tour indique que le Parlement est en train de siéger. Une des manifestations les plus hautes en couleur de Londres est l'ouverture d'Etat du Parlement, c'est-à-dire le moment où la Reine, conformément à un cérémonial vieux de plusieurs siècles, ouvre officiellement la nouvelle session depuis son Trône situé dans la Chambre des Lords.

*Whitehall*

*Downing Street N.10*

Dans le Parliament Square, sur le côté opposé, se trouvent de nombreuses statues d'hommes d'Etat célèbres, dont celle de Sir Winston Churchill, qui se maria dans l'église de St. Margaret, la paroisse de la Chambre des Communes, située à proximité. Au nord de Parliament Square se trouvait autrefois le Palais de Whitehall, célèbre pour son manque de régularité. Aujourd'hui, **Whitehall** est une large rue, que longent les bureaux du Gouvernement. Dans la King Charles Street, on peut visiter le Cabinet War Rooms, qui se trouve sous terre et qui fut utilisé par Winston Churchill et par le Cabinet de Guerre pendant la Seconde Guerre Mondiale. Au milieu du Whitehall se dresse le cénotaphe de Sir Edwin Lutyens, qui commémore les victimes des deux Guerres mondiales. Au cours d'une cérémonie qui a lieu chaque année en Novembre, en présence de la reine, on dépose des couronnes de coquelicots au pied du cénotaphe. Une grille imposante protège désormais l'entrée de **Downing Street**, ainsi appelée par Sir George Downing, un des premiers lauréats de Harvard en 1642. Depuis le XVIIIème, le n. 10 de la rue est la résidence officielle du premier ministre et derrière la simplicité de la façade se cache une ample construction dotée de pièces privées et de salles de réunions officielles. La Chancelier de l'Echiquier vit au n.11.

La seule partie qui soit restée de l'ancien Palais de Whitehall est le **Banqueting Hall**, qui fut harmonieusement construit par Inigo Jones, de 1619 à 1622, dans le style de Palladio. La réalisation du remarquable plafond, qui glorifie la monarchie, fut confiée à Rubens par Charles Premier. L'ironie du sort voulut que ce fut précisément de l'une des fenêtres de cette salle que Charles s'en alla à son execution en 1649. Juste à l'opposé se trouve la **Horse Guards**, projetée par William Kent. La garde à cheval est assurée par la Household Cavalry et elle est relevée toutes les heures. A 11 heures (10 heures, le dimanche), se déroule la pittoresque cérémonie de la Relève de la Garde. Sous la Tour de l'Horloge s'étend l'arcade où se déroule chaque année au mois de juin, le jour de l'anniversaire de la Reine, la cérémonie du Trooping The Colour.

*Horse Guards*

*Garde*

Plus loin se trouve le **St. James's Park**, un des plus beaux parcs de Londres. La vue que l'on a depuis le pont, en direction de Whitehall, est des plus attrayantes et le lac est célèbre pour ses oiseaux aquatiques, en particulier ses pélicans. Henri VIII fit entourer le parc, à l'origine, d'un grillage pour pouvoir y garder des daims. Le Nôtre le réorganisa plus tard pour Charles II et John Nash le remodela en 1829 pour Georges IV. Connu pour ses nombreux massifs de fleurs bien soignées et pour ses concerts de fanfare, le parc jouit d'une grande popularité auprès des Londoniens et les beaux jours d'été, on y rencontre énormément d'employés qui y prennent leur déjeuner au soleil.

*St. James's Park*

*Arc de l'Amirauté*

Le **Mall** longe le côté nord de St. James's Park; c'est une longue allée préposée aux cérémonies, bordée de platanes, qui va de l'Arc de l'Amirauté à Buckingham Palace. Il tire son nom du jeu dit de la «paille-maille», que l'on pratiquait au temps de Charles II. Maintes constructions s'élèvent au dessus de ce Mall. Au fond, sur le côté est, se dresse Nash's Carlton House Terrace construit par Nash, qui abrite aujourd'hui l'Institut des Arts Contemporains. Sur le côté opposé se trouve la Clarence House, la demeure de la reine mère.
St. James's Palace, avec son beau portail Tudor, fut construit par Henri VIII sur l'emplacement d'un ancienne léproserie. Même s'il n'est plus la principale résidence royale, les ambassadeurs sont encore accrédités auprès de la «Cour de St. James's».

*Mémorial de la Reine Victoria*

*Buckingham Palace*

Au début du Mall s'élève **Buckingham Palace**, la résidence officielle de la reine à Londres. Construit de 1702 à 1705 pour le duc de Buckingham, il fut vendu en 1761 à Georges III et remanié par John Nash pour Georges IV. Il fut cependant peu utilisé par les souverains jusqu'à l'avènement de Victoria en 1837. Sir Aston Webb restaura la façade en 1913 et conçut également le mémorial de la reine Victoria qui se dresse en face. Le spectacle le plus populaire de Londres est la relève de la garde qui l'été a lieu chaque jour dans la cour et l'hiver un jour sur deux. La cérémonie pittoresque, qui se déroule au son de la fanfare militaire, dure environ une demi-heure.

Même s'il n'est pas possible de visiter l'intérieur de Buckingham Palace, on expose dans la **Queen's Gallery** des œuvres des collections royales que l'on fait tourner régulièrement et dans les **Royal Mews**, on peut voir le magnifique State Carriage, que l'on utilise lors des couronnements.

Les jardins privés de Buckingham Palace s'étendent jusqu'à Hyde Park Corner, un des carrefours les plus animés de Londres. On peut voir au milieu l'arc de Wellington, tandis que sur le côté nord de la zone piétonne se trouve la statue équestre du duc de Wellington, érigée en face de **Apsley House**, qui recèle une collection d'objets souvenir de Wellington, un grand nombre de belles salles et de superbes peintures.

**Hyde Park** et les jardins adjacents **Jardins Kensington** forment ensemble un des plus vastes espaces verts de Londres et offrent de nombreuses occasions de loisirs, des promenades à cheval le long de la Rotten Row aux promenades en barque sur la Serpentine. Les Jardins Kensington constituaient le parc privé de Kensington Palace, dont les appartements officiels méritent une visite. En 1851, la Grande Exposition eut lieu dans la partie sud de Hyde Park. Le Crystal Palace, conçu tout particulièrement pour l'exposition par Joseph Paxton, fut déplacé plus tard dans le sud de Londres, où il brûla en 1936. A proximité se trouve l' **Albert Memorial**, inauguré en 1876 par la reine Victoria, en hommage au prince consort Albert, qui est représenté tenant en main le catalogue de la Grande Exposition, à laquelle l'unissaient des liens très intimes.

*Albert Memorial*

Le **Royal Albert Hall** fut construit, comme les musées qui lui sont attenants, grâce aux bénéfices de la Grande Exposition. Cette vaste salle, en forme d'amphithéâtre, contient 8000 places assises et elle est surtout connue comme siège des Henry Wood Promenade Concerts. Le **Musée des Sciences**, fondé en 1856, abrite une merveilleuse collection de machines, d'instruments scientifiques et de maquettes mises en activité. Le **Musée d'Histoire Naturelle** se trouve dans un magnifique édifice «Roman» conçu par Alfred Waterhouse.

Le **Musée Victoria & Albert** contient une des plus belles collections d'arts décoratifs, comprenant des tissus, du verre émaillé, des sculptures, des bijoux et des instruments de musique. Parmi ses plus grands trésors figurent les Cartons de Raphaël, qui sont les dessins grandeur nature des tapisseries que lui avait commandées en 1515 le pape Léon X.

*Musée Victoria & Albert*

*Musée d'Histoire Naturelle*

*Marble Arch*

*Oxford Stre*

Au nord-est de Hyde Park se trouve le Speakers' Corner où les orateurs sont libres d'exprimer, chaque dimanche, leurs opinions sur les sujets les plus variés, que le public se plâit à accompagner de questions gênantes. **Marble Arch**, que Nash avait dessiné à l'origine pour Buckingham Palace, a été transporté dans cette section du parc ouverte à la circulation en 1850.

Tout près se dresse Tyburn l'infâme potence où ont eu lieu les exécutions publiques jusqu'en 1783. Oxford Street, la rue commerçante la plus animée de Londres, jalonnée de nombreux super-marchés très connus, se dirige vers l'est. Au sud d'Oxford Street se trouve le quartier Mayfair, que est bien à la mode et orné de places élégantes et de boutiques proposant des modèles exclusifs.

A Manchester Square, vers le nord, la Hertford House un palais du XVIIème, recèle la remarquable **Wallace Collection**. Cette collection est célèbre pour ses peintures françaises du XVIIème siècle, ses meubles et ses porcelaines, mai elle abrite aussi une collection impressionnante d'armes et d'armures ainsi que quelques beaux tableaux hollandais, dont le Chevalier Riant de Frans Hals. Baker Street, où le détective des romans de Conan Doyle se sentait comme chez lui, rejoint au nord la Marylebone Road, où se dresse le célèbre Musée de cire de **Madame Tussaud**. En plus de certaines personnalités modernes, on peut y voir des œuvres originales de Madame Tussaud, représentant des victimes de la guillottine, réalisées pendant la Révolution Française. Le **Regent's Park** situé non loin de là fut dessiné par Nash, et il était une partie de son projet grandiose, conçu pour le Prince Régent; il est entouré de nombreuses belles terrasses Regency. Ce parc contient une roseraie, un théâtre en plein air et le Jardin Zoologique de Londres.

Planétarium et Musée de Madame Tussaud

*Piccadilly Circus et la statue d'Eros*

*Piccadilly Circus*

Au sud de Regent's Park s'étend la Place Portland, qui mène à **Regent Street**, constituant une partie de la rue royale qui relie le parc à Carlton House, la résidence du Prince Régent. Les bâtiments élégants de Nash ont disparu depuis longtemps et la rue est maintenant bordée de nombreux magasins célèbres dont Hamley's, le magasin de jouets et le Liberty's, en faux style Tudor. Au fond de la Regent Street se trouve **Piccadilly Circus,** connu pour ses enseignes éblouissantes et pour sa statue d'Eros, qu'il serait plus correct d'appeler l'Ange de la Charité Chrétienne. Le London Pavilion est le siège du Rock Circus, une exposition de musiques rock et pop et l'exposition du Guinness World of Records se trouve au Trocadéro, situé à proximité. A l'ouest, à Piccadilly, on peut visiter la célèbre boutique Fortnum & Mason et l'Académie Royale des Beaux-Arts, connue surtout pour sa Summer Exhibition annuelle.

Au nord s'étend le quartier de **Soho**, l'un des plus pittoresques et des plus cosmopolites de Londres, où s'accumulent magasins et restaurants étrangers. C'est là que s'établirent les Huguenots français au XVIIème siècle et depuis lors, cet endroit a toujours attiré un nombre considérable d'inmigrants. Parmi les derniers arrivés figurent les Chinois qui ont créé une communauté à part dans les rues entourant Gerrard Street. Connue actuellement sous le nom de Chinatown, elle a une atmosphère tout à elle, surtout pendant les célébrations du bruyant et pittoresque Nouvel An chinois. Soho s'est toujours révélé un aimant pour les artistes et les écrivains et bien des théâtres, parmi les plus connus, se trouvent précisément dans ce quartier. Leicester Square fut longtemps le lieu privilégié des artistes, de Hogarth à Reynolds; aujourd'hui, il est davantage connu pour ses cinémas.

Soho Square

Soho, un restaurant

**Trafalgar Square** est célèbre pour ses pigeons, ses manifestations et ses fêtes du Nouvel An. Il fut construit de 1829 à 1841 pour commémorer la grande bataille navale de 1805, au cours de laquelle la flotte française fut vaincue par la flotte anglaise, conduite par l'amiral Lord Nelson. La place est dominée par la colonne de Nelson qui fait 170 pieds de haut et dont la base est gardée par les célèbres lions en bronze de Landseer.

Sur le côté nord de la place s'ouvre la **National Gallery** qui abrite l'une des plus grandes collections du monde d'art européen, dont maints chefs d'œuvre furent réalisés du XIIIème au XXème siècle. (La Tate Gallery à Millbank recèle davantage d'œuvres modernes). Sur la Place St. Martin se trouve la **Galerie Nationale du Portrait**, qui possède une remarquable collection de portraits d'hommes et de femmes britanniques célèbres, allant de la période des Tudor à aujourd'hui. Juste une face se dresse l'église de **St. Martin-in-the-Fields**, avec son célèbre portique corinthien et sa flèche élégante. Des concerts y sont souvent organisés et dans la crypte se trouvent une librairie, un restaurant et le London Brass Rubbing Centre.

*Trafalgar Square*

Au sud de la place on peut voir la statue équestre de Charles ler qui fut vendue comme de la vile ferraille après la guerre civile mais fut redécouverte pendant la Restauration et érigée à nouveau en 1675. Une plaque de bronze, posée au sol, indique le centre officiel de Londres et c'était là que se trouvait l'emplacement de la Charing Cross originale. Déplacée au XIXème siècle, elle est désormais visible dans la cour antérieure de la Gare de Charing Cross.

Comme son nom l'indique, le **Strand** longeait autrefois la Tamise et il était bordé de nobles demeures. Il est actuellement davantage connu pour ses théâtres et ses hôtels mais les noms de maintes rues rappellent cette première époque ainsi que la York Watergate située dans les Victoria Embankment Gardens. Le Victoria Embankment, constuit par Bazalgette de 1865 à 1870, s'étend de Westminster Bridge à Blackfriars et c'est un endroit agréable pour marcher parce qu'il offre quelques panoramas particuliers.

Au nord du Strand se trouve **Covent Garden**, un des quartiers les plus vivants de Londres, avec des bars, des magasins, des restaurants et des spectacles en plein air. A l'origine jardin du couvent de l'Abbaye de Westminster, ce lieu fut pris en main plus tard par la famille Bedford et Inigo Jones dessina une nouvelle place splendide, dont il ne reste aujourd'hui que l'église de St. Paul. Au XIXème siècle fut ajouté le Central Market et le Covent Garden devint le marché en gros de fruits et de légumes et le resta jusqu'en 1974 où il fut déplacé à Nine Elms. A l'est de la place se trouvent le London Transport Museum et le Musée du Théâtre et dans la Bow Street, la Royal Opera House. Non loin de Covent Garden, et vers le nord, s'étend le quartier de Bloomsbury, qui compte d'innombrables associations littéraires. C'est là que se trouve aussi le **British Museum** dont la collection d'antiquités égyptiennes, assyriennes, romaines et grecques, ainsi que les Elgin Marbles, sont connus dans le monde entier.

Covent Garden

La Somerset House, qui donne sur la Tamise, le long de Waterloo Bridge, est une construction impressionnante du XVIIIème siècle, conçue par Sir William Chambers. L'aile nord abrite les **Courtauld Institute Galleries**, une autre des plus grandes collections d'art de Londres. Les salles splendides, qui accueillaient l'Académie Royale, recèlent de nombreux maîtres anciens mais cette collection est surtout connue pour ses magnifiques tableaux impressionnistes et post-impressionnistes.

Plus à l'Est, on remarque les Cours Royales de Justice, connues sous le nom de Law Courts. Au milieu de la rue, il y a le Temple Bar Memorial, surmonté d'un dragon qui marque la limite entre la City de Westminster et la **City de Londres**. La City, en quelques mots, couvre une superficie d'à peine plus d'un mille carré, ses limites étant les limites mêmes de la ville romaine de Londinium. Elle conserve nombre d'institutions et de traditions, mais elle demeure avant tout un centre commercial et financier de premier ordre.

**Fleet Street** est associée depuis longtemps à la presse et tout récemment encore, elle était le siège de nombreux journaux nationaux. Ce quartier a des liens étroits avec le monde de la légalité, parce que tout près se trouvent les quatre Inns of Court; au nord, Lincoln's Inn et Gray's Inn, et au sud l'Inner Temple et le Middle Temple; ces deux dernières sont servies par le curieux Temple Church, de forme circulaire, remontant au XIIème siècle. Une autre église intéressante de Fleet Street est la St. Brides de Wren avec sa célèbre flèche en forme de "Tourte nuptiale".

*Cours Royales de Justice*

*Old Curiosity Shop*

Cinq jours suffirent en 1666 pour que les trois quarts de la City fussent détruits par le Grand Incendie qui éclata dans une boulangerie de Pudding Lane. Plusieurs édifices importants furent perdus, dont les Salles de cérémonies, les prisons, les églises et la vieille Cathédrale de Saint-Paul. On présenta de nombreux plans, riches en imagination, pour une reconstruction complète de la City mais, pour des raisons pratiques, la restructuration suivit l'ancien tracé médiéval des rues. Sir Christopher Wren fut le principal architecte de la nouvelle City. Il dessina 51 églises mais son chef d'œuvre reste la **Cathédrale de Saint Paul**, qui se dresse au sommet de Ludgate Hill, sur l'emplacement d'une ancienne Eglise Chrétienne du VIIème siècle.

*Cathédrale de Saint-Paul*

*Saint-Paul*

Le projet de la nouvelle cathédrale connut maintes versions différentes avant les débuts des travaux en 1675 et la construction ne prit fin qu'en 1709. Sa magnifique structure classique est surmontée d'une coupole spectaculaire, dont la lanterne est astucieusement soutenue par un cône caché. A l'intérieur de la coupole, on peut voir des scènes de la vie de saint Paul peintes par Sir James Thornhill. C'est ici que se trouve aussi la Whispering Gallery où le bruit le plus ténu peut être entendu depuis n'importe quel point pris sur le pourtour de cette coupole. Bien des monuments commémoratifs sont conservés dans cette cathédrale, comme par exemple ceux de héros comme Wellington et Nelson, mais le plus évocateur est la simple inscription sur la tombe de Wren, «Si monumentum requeris, circumspice», que l'on peut lire aussi sur une pierre posée sous la coupole et qui signifie: si tu cherches un monument, regarde autour de toi.

*Guildhall*

Au nord, le moderne **Centre Barbican** fut construit à un endroit gravement endommagé par les bombardements de la Seconde Guerre Mondiale. Le Centre comprend une salle de concerts, une galerie d'art et deux théâtres, qui sont le siège de la Royal Shakespeare Company.
Pour ceux que l'histoire de Londres intéresse, nous prévoyons la visite du **Musée de Londres**, avec l'exposition chronologique de costumes peints et d'objets trouvés lors des fouilles. L'une des pièces exposées les plus connues est la diligence du XVIIIème siècle du Lord Mayor, qui est utilisée chaque année au mois de novembre lors de la cérémonie du Lord Mayor.
Le Guildhall à Gresham Street est le siège historique de la Corporation de la City de Londres et le Great Hall est le siège de banques d'Etat et de l'élection annuelle du Lord Mayor.

*Royal Exchange*

*Banque d'Angleterre*

Le cœur de la City se trouve au carrefour très animé du **Bank**. A l'est se trouve le **Royal Exchange**, fondé en 1565 par Sir Thomas Gresham. C'est le troisième bâtiment érigé à cet endroit et il est occupé par le London International Financial Futures Exchange. Sur le côté nord, il y a la **Banque d'Angleterre** connue sous le nom populaire de la «Vieille Dame de Threadneedle Street». Conçue par Sir John Soane, elle a cependant subi de nombreuses modifications depuis. L'histoire de la Banque est racontée dans le nouveau musée de Bartholomew Lane.

Sur le côte opposé se dresse la **Mansion House** qui est la résidence officielle du Lord Mayor. Tout près se trouve le Stock Exchange et l'attrayant édifice moderne des Lloyd's, œuvre de Richard Rogers.

Le **Monument** qui est une colonne qui mesure 202 pieds de haut, a été conçu par Wren pour commémorer le Grand Incendie qui éclata à proximité dans le Pudding Lane. Une rampe de 411 marches débouche sur une vue panoramique des alentours tout à fait impressionnante. Le **London Bridge** traverse la Tamise en ce point précis et il mène à Southwark, connu pour sa cathédrale gothique raffinée et ses associations théâtrales. Le premier pont y fut construit par les Romains et un pont en pierre fut ensuite commandé par Henri II en 1176. Le pont du XXème siècle fut vendu à Lake Havasu City en Arizona et remplacé par le pont actuel, construit entre 1967 et 1973.

*Monument*

*La Tour de Londres et Tower Bridge*

La **Tour de Londres** est étroitement associée à nombre d'événements importants de l'histoire anglaise et elle est agrémentée d'une citadelle, d'un palais, d'une prison, de l'hôtel de la Monnaie et d'une ménagerie. La Tour Blanche en est la partie la plus ancienne et elle fut construite en 1078 par Guillaume le Conquérant pour protéger la ville et intimider les citoyens. Au cours des siècles, on procéda à de nombreux ajouts et le mur extérieur fut construit au XIVème siècle. La Tour est célèbre pour ses illustres prisonniers, comme Sir Thomas More, Sir Walter Raleigh et Guy Fawkes et la Bloody Tower est traditionnellement associée à l'assassinat des «Princes dans la Tour». Beaucoup de personnages importants furent décapités sur le billot de la Tower Green, dont Anne Boleyn et Lady Jane Grey; certains d'entre eux sont inhumés dans la chapelle voisine de St Peter ad Vincula. Les Joyaux de la couronne, conservés dans la Waterloo Barracks, comprennent des pièces royales portées lors des couronnements. L'œuvre la plus ancienne est la cuillère pour les oints sacrés qui fut utilisée pour le couronnement du Roi Jean en 1199. La Tour est gardée par les Yeoman Warders, connus sous le nom populaire des «Beefeaters», qui assurent des visites guidées dans les uniformes traditionnels des Tudor.

*Tour de Londres: Beefeaters*

*The British Crown Copyright*

*Les Joyaux de la Couronne*

La **Tower Bridge** fut conçue en style gothique pour former un ensemble avec la Tour et elle fut inaugurée en 1894. Ses deux énormes parties mobiles, qui pèsent chacune plus de 1000 tonnes, s'ouvrent aujourd'hui encore pour laisser passer les bateaux, même si cela advient moins souvent que par le passé. La mécanique hydraulique est conservée dans un musée situé sur le côté sud du pont. Ce pont est ouvert au public et l'on peut jouir de vues magnifiques depuis la promenade qui le surplombe.

Il y a de nombreux lieux intéressants à visiter même si l'on ne fait qu'une brève promenade en partant de la Tower Bridge. L'église de **All Hallows by the Tower** fut reconstruite après avoir été endommagée pendant la Seconde Guerre mondiale, mais elle conserve de nombreux éléments de sa construction précédente, dont la crypte du XIVème siècle avec un pavement romain et un couvercle de fonts baptismaux réalisé par Grinling Gibbons. William Penn y fut baptisé et Samuel Pepys suivait des yeux depuis la Tour l'expansion que prenait l'incendie. Sur le côté opposé de la Tour se trouve le **HMS Belfast**, ancré sur la Tamise; c'est un croiseur de la Royal Navy construit en 1938 et transformé aujourd'hui en musée. A l'est de la Tower Bridge s'étendent les **St. Katharine Docks**, construits en 1827 par Thomas Telford, qui constituent actuellement un petit port et un centre de loisirs. Certains entrepôts ont été remaniés avec beaucoup de fantaisie et l'ensemble comprend des magasins, des restaurants, un hôtel et le Dickens Inn Pub, ainsi que beaucoup de bateaux importants, dont les fameux bateaux à voile de la Tamise.

St. Katharine Docks

Descendre la Tamise en bateau est l'une des meilleures façons de voir Londres, parce que cette excursion offre un excellent point de vue permettant d'apprécier de remarquables édifices, anciens et nouveaux. Si on prend un bateau à contre-courant de la Tour, on peut voir de nombreux bâtiments modernes, comme le Billingsgate Market sur la rive nord, qui a été remis en activité et, sur la rive sud, les transformations de la Hay's Galleria qui sont d'une riche fantaisie. Des deux côtés du Waterloo Bridge se trouvent le Royal National Theatre et le **South Bank Centre**. C'est ici que se trouve la principale salle de concerts de Londres, le Royal Festival Hall, la Hayward Gallery où ont régulièrement lieu des expositions d'art, le National Film Theatre et le nouveau **Museum of the Moving Image**, qui est des plus attrayants. Plus loin encore se trouve le **Lambeth Palace**, qui a été la résidence londonienne des Archevêques de Canterbury à partir de 1207. Si on longe le fleuve depuis la Tour, on a l'occasion d'étudier les nouvelles réalisations en cours dans les Docklands et l'on peut continuer vers le centre historique de **Greenwich**, lieu de nombreuses liaisons maritimes. Sur la rive est amarré le Cutty Sark, le dernier des tea clippers, construit en 1869 ainsi que le Gipsy Moth IV, avec lequel Sir Francis Chichester a fait le tour du monde pendant les années 1966-67. Le Royal Naval College fut projeté par Wren et il est possible de visiter la Chapelle et le Painted Hall, qui doit son nom aux merveilleuses peintures sur ses murs et le plafond réalisées par Sir James Thornhill. Le National Maritime Museum contient une vaste collection illustrant l'héritage maritime de la Grande-Bretagne, comprenant entre autres pièces l'uniforme porté par Nelson lors de la bataille de Trafalgar. La Queen's House, projetée par Inigo Jones, recèle une collection intéressante de peintures maritimes. A l'extérieur du Old Royal Observatory, sur une colline qui domine le musée, on voit une ligne qui marque le méridien zéro de longitude, à partir duquel on calcule le temps relatif du **Greenwich Mean Time**.

*Greenwich, Queen's House*

*Hampton Court Palace*

A l'ouest de Londres se trouve le **Hampton Court Palace**, un magnifique bâtiment Tudor situé à un très bel endroit, dans un décor splendide, à proximité de la Tamise. Il fut commencé en 1514 par le Cardinal Wolsey mais Henri VIII se l'appropria et fit ajouter la Chapelle et le Great Hall, avec son plafond à poutres apparentes. Puis Sir Christopher Wren le compléta pour Guillaume III par les ailes sud et est. Les States Apartments contiennent certains meubles d'époque et bien des plafonds, richement décorés, sont souvent l'œuvre de Verrio. On y expose aussi une collection raffinée de peintures appartenant à la Royal Collection. Les jardins furent réalisés, pour la plupart, pour Guillaume III, et il ne faut pas manquer non plus de visiter le délicieux Pond Garden créé par Henry VIII. Le célèbre labyrinthe se déroule au nord du palais.

# THE LONDON UNDERGROUND

**Key to lines**

- Bakerloo
- Central — Restricted service
- Circle
- District — Restricted service
- East London — Peak hours and Sunday mornings
- Hammersmith & City — Peak hours only
- Jubilee
- Metropolitan — Peak hours only
- Northern
- Piccadilly — Peak hours only
- Victoria
- Docklands Light Railway† — Under construction
- Network SouthEast — Peak hours only

- Interchange stations
- Connections with British Rail
- Connections within walking distance
- Closed Sundays
- Closed Saturdays and Sundays
- Served by Piccadilly line early mornings and late evenings Monday to Saturday and all day Sundays
- Closed for reconstruction. Use Edgware Road (Circle/District/H&C) instead
- † For opening times see poster journey planners
- Certain stations are closed during public holidays

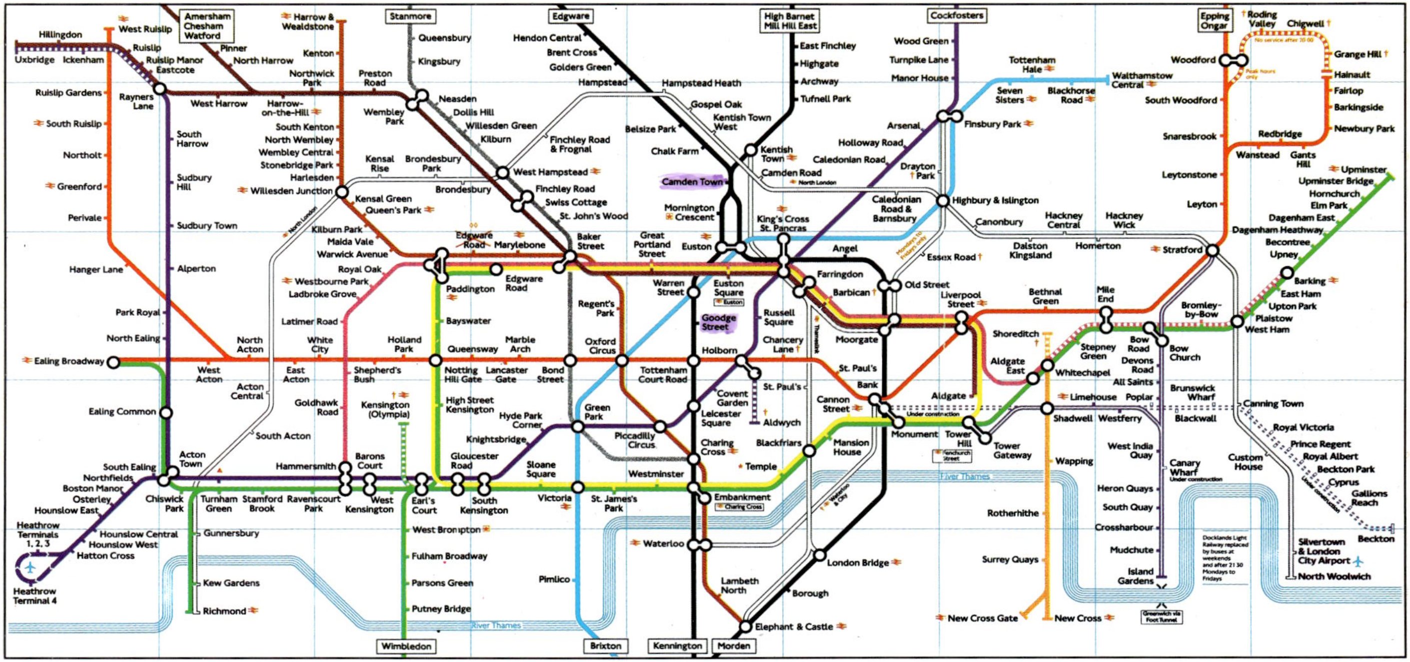